LA VEDETTE

CONSEILS D'UN RURAL

A SES FRÈRES

AU SUJET DE LA SITUATION PRÉSENTE

PAR UN ÉLECTEUR VOSGIEN

Sentinelle, prenez garde à vous!

PARIS

PHILBERT, LIBRAIRE-ÉDITEUR

10, rue Honoré-Chevalier, 10

1876

LA
VEDETTE

PARIS. — TYPOGRAPHIE LAHURE
Rue de Fleurus, 9

LA
VEDETTE

CONSEILS D'UN RURAL

A SES FRÈRES

DE LA SITUATION PRÉSENTE

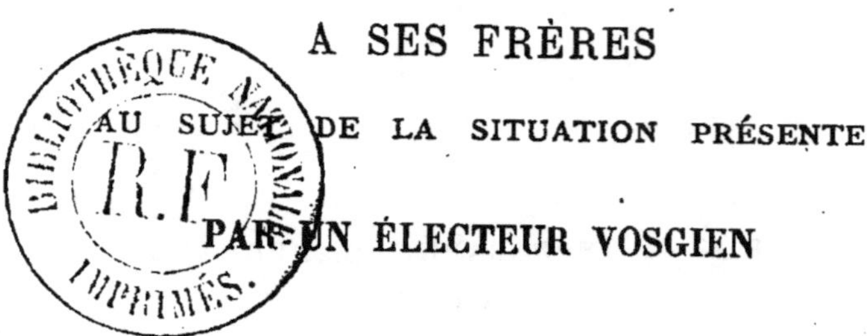

PAR UN ÉLECTEUR VOSGIEN

Sentinelle, prenez garde à vous!

PARIS

PHILBERT, LIBRAIRE-ÉDITEUR

10, rue Honoré-Chevalier, 10

1876

LA VEDETTE

Conseils d'un rural à ses fréres

AU SUJET DE LA SITUATION PRÉSENTE

CHAPITRE I

Un conseil en guise de préface.

Les blagueurs. — La troupe acrobatico-politique. — Journalisme et brochures. — Propagande effrénée dans les campagnes. — Déplorables résultats. — Ils mentent donc? — Pourquoi votre frère a écrit ce petit livre. — Prenez! lisez! propagez!

Les Prussiens nous ont fait bien du mal; la Commune nous en a fait plus encore. Mais il est un ennemi qui nous a fait plus de mal que les Prussiens et communeux réunis. Cet ennemi, c'est nous-mêmes.

Cet ennemi, c'est ce goût funeste qui depuis vingt ans est entré dans nos habitudes, a corrompu nos mœurs et dépravé l'opinion, abaissé nos manières, encanaillé notre langue, compromis notre renom traditionnel de politesse et de chevalerie, flétri le prestige dont la France jouissait naguère encore, aux yeux de l'Europe, et qu'elle devait à la grâce plus encore qu'à la force, à la séduction de son esprit plus encore qu'à la crainte de sa puissance.

Ce goût puéril et fatal, qui a marqué de son sceau tous les peuples en décadence, c'est ce goût de la moquerie *à outrance*, de la raillerie *quand même*, ce goût ennemi de toute admiration, destructeur de tous les respects, qui n'a ménagé aucune pudeur, aucune majesté, qui a troublé la source du devoir, essayé d'ébranler jusqu'à la notion de l'honneur.

Depuis vingt ans, cette débauche de bons mots, cette orgie de lazzis, ce parti pris de tourner tout en ridicule, ce mépris systématique de la gravité, cette gageure perpétuelle de trouver tout drôle, ont fait plus de ravages en France, moralement parlant, qu'une révolution et qu'une guerre. Encore quelques années de cette contagieuse et dévorante manie, qui a émoussé notre intelligence, énervé notre activité, qui a rendu possibles et failli rendre définitifs la victoire prussienne et le triomphe communiste, et nous ne serions plus capables de réparer les fautes que nous n'avons pas su prévoir! Encore quelques années de *blague* et la France aura vécu!

> Un mal qui répand la terreur
> Mal que l'*enfer* en sa fureur
> Inventa pour *semer* les crimes sur la terre.
> Le *Journal* (puisqu'il faut l'appeler par son nom).

est un des plus grands fléaux qui menacent notre chère patrie. C'est un poison subtil et à petites doses successives qui s'infiltre dans les couches sociales et qui y porte la corruption des idées et des mœurs, amenant fatalement la dissolution.

Les journalistes se divisent en deux catégories bien distinctes : les désintéressés, qui font la guerre à leurs dépens, en faveur des *bons principes!* et les manouvriers de la presse, qui font du journalisme un métier honteux.

Ces derniers, les plus nombreux et les plus audacieux de notre temps, n'ont ni convictions religieuses, ni convictions politiques. Leur conscience est dans leur encrier, et ils vendent leur encre au plus offrant. Selon l'intérêt de leur bourse, souvent vidée par l'inconduite, ils plaident avec une ardeur toute républicaine le pour et le contre, en se moquant de leurs crédules lecteurs. Ils flattent l'esprit d'opposition afin de grossir le nombre de leurs abonnés ; et, les journaux les plus malfaisants et les plus plats, sont souvent ceux qui réussissent le mieux.

Le peuple ne saura jamais tout ce qu'il y a d'ignoble dans cette bohème errante et vagabonde qui constitue la majeure partie des journalistes nomades et républicains. Fouillez leur léger bagage, vous y trouverez indubitablement un faux toupet, un faux nez, une fausse barbe, trois cocardes diverses ; en résumé, un habit d'arlequin ; toutes couleurs pour tous les goûts suivant l'argent :

> Je suis oiseau, voyez mes ailes
> Vive la gent qui fend les airs !
> Je suis souris, vive les rats !
> Jupiter confond les chats !

« Monnoye fait tout, » disait jadis Paul Riquet en creusant le canal du Midi ; c'est aussi la maxime des irrigateurs d'immoralité :

> Notre intérêt est toujours la boussole
> Que suivent nos opinions.
>
> (Florian.)

Quoi qu'il en soit de sa source et de sa pestilence, ce torrent d'encre empoisonnée porte la dévastation et la ruine jusque dans les hameaux. Le peuple n'a plus aujourd'hui d'appétit que pour les lectures épicées. Les imaginations blasées ont besoin de leur absinthe quotidienne et il leur faut pour un sou de journal.

Au journal qui vieillit vite ou qui se perd, on a joint la brochure, c'est-à-dire ce petit livre qui, sous un titre honnête et parfois séduisant, cache les doctrines les plus dangereuses.

Actuellement, la presse vomit chaque jour une quantité énorme de ces productions malsaines qui prennent toutes les formes pour mieux s'insinuer chez les lecteurs crédules. Ici c'est une petite brochure jaune ou verte ; là c'est un journal orné d'un frontispice curieux ; ailleurs c'est une couverture présentant, comme *Boquillon*, des figures drôlatiques ; aujourd'hui c'est l'almanach, le cher almanach si bien venu chez les habitants des campagnes, mais qui, cette fois, n'a plus de l'ami que le masque ; car il vient, non pour amuser et pour instruire, mais pour raisonner et pour corrompre.

Ah ! que de ravages ces détestables brochures ont déjà faits dans nos villages ! Combien de têtes ont été retournées sens dessus dessous ! J'ai vu des villages, renommés pour leur esprit paisible et religieux, transformés tout à coup en véritables clubs démagogiques sous l'influence de ces livres funestes et de ces journaux menteurs. Il y en a où la métamorphose est si complète, qu'ils ne sont plus reconnaissables. A la paix d'autrefois a succédé le trouble ; au bon accord des habitants, les disputes et les procès ; à la pratique des devoirs chrétiens, l'immoralité et l'impiété !

Ouvriers, laboureurs, mes amis, j'ai lu moi-même ces brochures, ces journaux, ces almanachs qu'on vous donne. L'intérêt extrême que je vous porte m'a déterminé à entreprendre ce pénible et dégoûtant travail. Partout j'ai retrouvé le même fond de faussetés, de déclamations et de blasphèmes. On se contente de peindre, en l'exagérant, la misère des classes pauvres, et de décrire, en l'exagérant aussi, le luxe des bourgeois. Ce sont des dialogues où le bon sens est toujours du côté du prolétaire et l'ineptie du côté du riche. Ce sont des calomnies infâmes contre tout ce qu'il y a de beau, de noble, de respectable dans le monde; des sorties aussi ampoulées qu'injurieuses contre le pape, contre le joug des prêtres, contre l'intolérance de la religion. Ce sont enfin des excitations plus ou moins directes à la révolte, au mépris de toute autorité.

La famille des gratte-papier joue à cette heure le rôle du perfide serpent vis-à-vis de nos premiers parents.

Satan fit entendre à la première femme qu'elle était belle, qu'elle était bonne, mais qu'elle pouvait devenir bien meilleure et bien plus savante : *Vous serez comme des dieux!* C'était un assez beau compliment que celui-là L'imprudente Ève donna là-dedans et son mari aussi; tous deux se crurent capables de devenir des dieux et tous les deux tombèrent misérablement. C'est là l'histoire de tous les siècles. Que s'est-il passé en 1848 et que se passe-t-il de nos jours?

Depuis la révolution de 93 le bourgeois, engraissé du bien des nobles et du clergé, se complaît à prêcher l'émeute et à y applaudir, mais il faut des ouvriers pour l'exécuter : *Flattons donc l'ouvrier*, ont dit les chefs de la démagogie, *caressons-le, attirons-le à nous et dès lors le succès nous est assuré.*

Et ainsi firent-ils. Bientôt on vit pleuvoir les louanges sur la tête de l'ouvrier. On inventa toutes sortes de noms : *prolétaire, paria, proscrit, ilote* et beaucoup d'autres que le pauvre ouvrier ne comprenait pas. On s'efforça de lui prouver qu'ayant toutes les vertus, qu'étant bon, généreux, sublime, héroïque, magnanime, que sais-je, moi? il était cependant le déshérité, le bâtard de l'ordre social, que toutes les peines étaient pour lui et tous les profits pour les autres; on osa lui dire qu'il était infiniment au-dessus de tous ces gros bourgeois, de tous les oisifs qui s'engraissent de la

sueur du peuple. Qu'est-il résulté de ces flagorneries ?
L'ouvrier a gobé la pilule, s'est infatué de lui-même et
s'est cru obligé de renverser l'ordre existant. Il est devenu
exigeant, hautain, impérieux, tapageur. Il n'a plus vu
dans son travail qu'un supplice, dans son maître qu'un
oppresseur, dans les lois qu'une tyrannie ; en deux mots
il s'est fait révolutionnaire et émeutier. Qu'a-t-il gagné
à ce changement ? Le présent le dit déjà, l'avenir le dira
encore mieux peut-être. On a vu, plus d'une fois, le
travail languir ou manquer, la crainte des révolutions
arrêter l'industrie ou le commerce ; tous les jours la détresse s'accroissait et, à la place du sort magnifique, de
l'aisance et de la félicité promises par les fauteurs de
l'anarchie ou des grèves, on voyait la classe ouvrière
de plus en plus malheureuse, laisser chaque jour, de
nouvelles victimes sur le pavé.

Or, chers laboureurs, mes amis, ce sort est précisé-
ment celui qui vous menace si vous ne vous tenez sur vos
gardes. Vous avez tenu bon jusqu'ici. Plus nombreux
que tous les autres citoyens réunis, vous formez une
armée compacte, unie, impénétrable pour ainsi dire.
Attachés au sol qui vous a vus naître, vous le cultivez
avec amour ; vous ne tenez ni au bruit, ni à la renom-
mée, ni à l'éclat, ni aux places. Votre ambition se borne
à pousser la charrue, là où vos pères la poussaient
avant vous. Façonnés dès le bas âge, aux enseignements
de la religion, vous tâchez d'en suivre les pratiques.
L'église, qui domine vos maisons, occupe dans vos af-
fection et votre respect une place privilégiée ; elle est le
centre de vos pensées, l'appui de vos espérances, la
consolation de vos douleurs. Cette vie est encore pour
vous un lieu d'exil que doit suivre une vie meilleure.
Vous ne bâtissez pas tous vos plans sur cette terre, et
si votre existence est parfois laborieuse et pénible, vous
vous consolez de vos peines en songeant qu'il est là-haut

un Maître qui compte toutes les gouttes de sueur que vous versez et qui vous garde une bonne part dans les soins de la Providence.

Voilà pourquoi vous êtes redoutables aux révolutionnaires. Vous formez pour ainsi dire une masse impénétrable, semblable à ces *carrés* de soldats contre lesquels viennent inutilement se heurter les bataillons ennemis. Les démagogues savent que toutes les révolutions vous déplaisent; ils n'ignorent pas que dans toutes les émeutes on a vu toutes sortes de gens : des écrivains, des avocats, des repris de justice, des portefaix, des chiffonniers, des soldats, des femmes perdues, mais *rarement des laboureurs*. Ils savent également que les révolutions vous ennuient, et vous fatiguent parce qu'elles interrompent vos travaux, aggravent vos impôts, font baisser le prix de vos denrées et de vos terres. Et pourtant ils comprennent que sans vous, elles ne seront jamais complètes, puisque, pour une révolution complète, il faut que la propriété cesse d'exister et que vous êtes tous propriétaires, peu disposés à vous laisser arracher des mains, le patrimoine de vos aïeux et le fruit de vos labeurs.

Dans cet état de choses, ils recourent à la ruse qui leur a si bien réussi. Après la guerre, quand vous mettiez la France au-dessus de la politique et de tous les partis, quand vous la serviez avec amour et travailliez pour sa grandeur et sa prospérité, vous n'étiez près des radicaux que des *ruraux*, des *manants* et des *crétins*. Aujourd'hui qu'ils ont besoin de vous, ils vous flattent et ils vous plaignent. On vous fait voir « *que le lot qui vous revient est bien au-dessous de vos mérites et qu'il serait bon qu'une part de vos charges fût reportée sur d'autres. Tant de vertu et si peu de jouissance! Tant d'impôts et si peu de revenus! Tant de qualités et une si petite*

place au soleil! Décidément il faut changer le gouvernè-
ment qui en est cause! »

C'est par ces insinuations mielleuses que l'on espère
vous gagner ; c'est en répandant l'erreur par le journal
et les brochures qu'on espère trouver accès dans vos
âmes. Il est visible qu'un esprit nouveau cherche à
s'introduire dans la classe agricole et la travaille déjà.
J'ai peur que ce ne soit pas à son avantage. Tout ce renversement d'idées ne me dit rien de bon. Il n'y a tels
que le vieux pilote et le vieux berger pour prédire les
orages. Quelquefois la jeunesse s'applaudit, à l'aspect
de belles moissons, riantes espérances, pour le lendemain, mais le vieillard fronce le sourcil parce qu'il pré-
voit la tempête de la nuit.

Il n'y a plus d'illusions possibles. Il importe aujour-
d'hui plus que jamais, de *prendre un temps* comme on
dit en fait d'escrime, c'est-à-dire saisir le moment où
l'adversaire pense à vous faire un coup pour lui allon-
ger le sien. Vos ennemis luttent et ferraillent avec la
parole et l'écrit, pour le renversement de l'ordre social ; luttons avec les mêmes armes pour le triomphe du
bien !

Oh ! que je regrette de n'être pas plus habile à manier
la plume afin de pouvoir mieux exprimer à mes braves
amis, les artisans, mes idées sur bien des choses qui
les concernent, pour les prévenir des piéges qui sont ten-
dus sous leurs pas. Néanmoins puisque chacun doit,
dans sa mesure, mettre au service de son prochain le
peu qu'il sait, je m'empresse de donner à mes frères,
les laboureurs, le résultat de mes lectures du soir, avec
les conseils de ma vieille expérience. J'ose espérer qu'ils
les accueilleront favorablement. Je connais le terrain
où je désire semer. Tout bon grain y profite. Il n'y a
pas de classe à qui il fasse si bon s'adresser qu'à celle
des campagnes. On est toujours sûr d'être compris quand

on parle clairement, toujours sûr d'être écouté quand on parle raisonnablement.

Habitants des campagnes, dans les circonstances graves où nous sommes, ce petit livre peut vous être utile. Prenez, lisez, méditez, propagez, profitez ; et puisse l'esprit français et chrétien qui animait vos pères se ranimer et se perpétuer longtemps parmi vous pour le plus grand bien de la patrie.

CHAPITRE II

Autrefois et aujourd'hui.

Peuple, on te trompe ! — Le bon vieux temps. — Les pauvres. — Le progrès actuel. — Est-il vrai que nous avons plus de liberté? Réfutation des sottises républicaines. — Les droits seigneuriaux et les impôts modernes. — Autre temps, autres mœurs ! — A bas les masques ! !

C'est quelque chose de merveilleux que la facilité avec laquelle les erreurs s'introduisent dans l'opinion des peuples. Quelque chose de plus étonnant encore, c'est la difficulté de les extirper une fois qu'elles y ont pris racine. Qui n'a entendu dire, par exemple, au sujet de certaines sottises débitées par les républicains : « Mais enfin, j'ai lu çà tout au long dans mes brochures et dans mon journal. Plus moyen d'en douter? C'était imprimé. — Belle raison ! Le papier se laisse écrire, mes chers amis. Croyez-vous donc que tout ce qu'on lit dans certains écrits, petits ou grands, soit parole d'Évangile? — Oh ! alors ce serait trop d'effronterie pour inventer de pareils mensonges? — Que vous connaissez peu les hommes ! Il y en a qui osent tout; car eux aussi :

Ils se sont fait un front qui ne rougit jamais !

Peu soucieux du démenti, ces affreux menteurs ne manquent pas de faire retentir à vos oreilles les immenses bienfaits dont la Révolution vous a comblés depuis 89. Ils parlent de prospérité nationale, des abus de l'ancienne France, du progrès et de la liberté, mais les paroles sont bien peu de choses quand les faits n'y répondent pas.

Un travail curieux, non moins qu'instructif, serait le tableau d'une localité prise en particulier, et comparée avec elle-même à cent ans de distance seulement. Car en pareille matière, les généralités ne signifient rien. Or ce travail, il nous a pris la fantaisie de le faire, par rapport à une localité assez importante. Nous regrettons qu'il ne nous soit pas permis d'en donner les détails où entreraient forcément des noms propres, des indications précises qui pourraient blesser des susceptibilités. Nous nous contenterons de poser les faits suivants :

Sous le point de vue moral, la distance de 1770 à 1870 est prodigieuse. D'une part le délaissement des devoirs chrétiens et la fréquentation des cabarets ; de l'autre les naissances illégitimes, le vagabondage, la mendicité, les protêts, les banqueroutes, les suicides, les condamnations judiciaires, l'adultère, l'assassinat et mille autres chapitres de ce genre nous fourniraient les détails les plus piquants et des comparaisons accablantes.

Au point de vue matériel je ne parlerai pas de l'augmentation du budget, qui s'élevait sous Louis XVI à *cinq cents millions* seulement, et qui atteint aujourd'hui le chiffre effrayant de *deux milliards et demi* grâce aux sottises révolutionnaires, dont Charles X avait cependant payé toutes les dettes. Je n'insisterai pas sur ce détail. Vous croiriez peut-être que je vous trompe ou que j'essaye de vous vanter le Roi. Mais n'ayez peur ; il est trop honnête pour nous autres, et s'il revient jamais, ce sera pour nous guérir et nous sauver.

En 1789 — avant nos « *immortelles et bienfaisantes conquêtes* » — la proportion des indigents était de un à soixante ; en 1848, elle était de un à dix. Et elle est anjourd'hui de un à six ! ! ! C'est, vous le voyez, une assez jolie différence. Nos chiffres sont-ils assez éloquents?

Il me semble donc qu'on a mauvaise grâce à se vanter de bien-être et de progrès quand on a tant de haillons à montrer ou plutôt à cacher. En résumé, un peuple n'est riche que quand le nombre de ses pauvres diminue ; comme un malade ne se guérit que quand ses infirmités s'en vont.

Il serait vraiment temps qu'on sortît des déclamations pour entrer dans les réalités. Je me lasse d'entendre parler à des farceurs de cette *France républicaine*, de cette *heureuse région*, de ce *sol inépuisable*, de ce *bien-être universel* quand tant de malheureux y gémissent en proie à la souffrance et au dénûment. Avouons-le avec franchise, n'est-ce pas une duperie de la part des démocrates de vous dire : *que la nation a grandi, qu'elle s'est fait une auréole! que ce n'est pas aux Rois, mais à l'élan du peuple qu'elle doit sa fortune et les principes de régénération qu'elle a jetés au vent de l'humanité....*[1]? N'est-ce pas une duperie de vanter les merveilles de l'époque quand on ne peut faire un pas hors de sa demeure sans être interpellé par la voix d'un pauvre ou frappé par l'aspect d'une infortune ?

Sans doute, il y a cent ans, nos routes étaient moins belles, nos véhicules moins commodes, nous n'avions guère de canaux et point de chemins de fer. Au lieu de fin drap d'Elbeuf nous usions du droguet. Nous n'avions pas de parquets cirés, ni de lampes Carcel, ni d'éclairage

---

1. Extrait de la brochure : *l'Histoire de France et la République,* par un bourgeois indépendant. — Cette brochure, remplie des insinuations les plus perfides, a été envoyée par le Comité républicain dans le rapport des communes de France.

au gaz. On ne parlait pas même d'allumettes chimiques, ni de photographie, ni du télégraphe, ni des machines à vapeur. Mais on vivait, mais on avait le nécessaire, mais le nombre des pauvres était restreint. Ces pauvres étaient honnêtes ; on savait que des infirmités ou des malheurs inévitables, mais non le libertinage, les avaient plongés dans la misère. Dès lors personne ne leur refusait un faible secours. Que dis-je ? Ils avaient parfois leurs douceurs : pas un festin de noces, pas un régal de fête dont ils n'eussent leur petite part. Ils étaient presque des membres de la famille ; rarement ils étaient obligés de sortir des limites de la commune pour aller mendier leur pain.

Qu'on tourne et qu'on retourne la question comme on voudra : voilà des faits et nous offrons d'en fournir la preuve.

Pourquoi d'ailleurs cette turbulence des sociétés modernes ? Pourquoi les révolutions incessantes ? Ah ! l'homme qui se porte bien dort paisible dans son lit ; c'est le malade qui se tourne et retourne sur sa couche de douleurs. Une nation ne crie pas quand elle a ses besoins satisfaits. Il n'y a que la roue mal graissée qui fait du bruit ; c'est la faim ou un malaise quelconque qui fait hurler l'émeute.

Je trouve, il est vrai, des révolutions dans l'histoire. La vieille France a eu aussi ses troubles, ses combats de la rue, la Jacquerie et la Fronde. Mais c'étaient de très-rares accidents. Les mécontents étaient factices ou soldés par l'ambition d'un grand. Il y avait aussi, c'est vrai, des différences sociales, des inégalités, des injustices peut-être. La République pourrait-elle se dire à l'abri de ces reproches ? Tout n'est pas rose dans la condition du peuple : les gelées et les grêles passaient comme aujourd'hui sur nos campagnes, la famine venait parfois le visiter. Mais le peuple, dans son admirable bon sens ou plutôt dans son admirable foi chrétienne, savait faire la part des choses. Il n'imputait point à son gouvernement ou à l'état social, ce qui était le résultat des imperfections humaines ou la sage disposition de la Providence. On avait l'honnêteté nécessaire, on ne demandait pas davantage, ou si on aspirait à quelque chose de mieux, c'était modérément, par des moyens légitimes et non par des bouleversements et des tempêtes. On croyait enfin, que le peuple le plus heureux est celui qui se contente le mieux de ce qu'il a, et on se gardait d'imiter le chien de la fable, lâchant sa proie pour courir après l'ombre.

Qu'on cesse donc d'insulter à ces siècles de bon sens et de foi. Il sied mal à l'époque turbulente où nous vivons, de tourner en dérision des jours de douce sécurité, de bonheur modeste et de vertus paisibles; il sied mal surtout à un siècle guenilleux, rongé dans ses bas-fonds de vermine et de gale; étalant en haut un hideux égoïsme, en bas une jalouse rapacité; offrant le triste spectacle d'une moitié de l'humanité épiant l'heure de dépouiller l'autre; oui, il lui sied mal de rire d'une époque où chacun vivait sans gêne, où le riche donnait volontiers au pauvre; où le pauvre ne portait point envie aux riches; où chacun savait se tenir à sa place; où enfin tous les rouages de la société agissaient de concert au lieu de se détraquer et de se briser toujours. Je le répète : qu'on cesse de jeter l'anathème au passé au profit du présent, car la comparaison serait accablante.

Prôneurs de révolutions, adorateurs des grands principes de 89, radicaux et socialistes, remballez donc vos arguments.

Je me soucie peu de vos déclamations et de vos promesses. On ne nourrit pas, on n'habille pas avec cela. Les affamés qui grelottent dans nos villes et dans nos hameaux n'ont que faire de vos démonstrations sur le papier, de vos chiffres mensongers et complaisants ; ils demandent à manger. Ils demandent la paisible et modeste aisance de leurs pères, la condition pure et simple de ces *bonnes gens du vieux temps* que vous avez tant plaints et dont vous avez tant ri.

Oui, dira-t-on, mais la liberté !! La liberté compense bien tout cela et nos pères ne l'avaient pas. Ils mangeaient, cela est vrai, mais ils étaient esclaves. Nous, nous avons faim, mais au moins, comme le loup, nous sommes libres !

Est-il vrai, mes chers amis, que la liberté tienne lieu de tout, même du pain, même du travail qui procure le pain ? J'en doute et vous aussi, n'est-ce pas ?

Est-il vrai que nos pères étaient esclaves et que nous sommes libres ?

Je le nie.

Guerre aux priviléges ! Ce fut le mot d'ordre de la Révolution française. C'est encore le mot d'ordre de tous les perturbateurs et des ambitieux. Quelques esprits jaloux et brouillons, ne pouvant rien supporter au-dessus d'eux, prirent en haine la noblesse, le clergé et les distinctions dont ils jouissaient. Oubliant les services qu'ils avaient rendus, on ne vit plus que les honneurs qui en étaient la récompense. C'était injuste. Mais enfin on cria tant et tant contre les priviléges que le peuple s'imagina de bonne foi qu'en les abolissant il doublerait son bonheur. Et les priviléges furent abolis. C'était, quoi qu'en disent les démocrates d'aujourd'hui, une insigne folie, car il n'est pas vrai que l'égalité sociale soit un droit. Dans la République des animaux, la grenouille voulut se faire aussi grosse que le bœuf, et

> La chétive pécore
> S'enfla si bien qu'elle creva.

C'est le sort réservé à toutes les républiques démocratiques égalitaires. Vouloir que tous les hommes soient égaux en fortune est aussi absurde que de vouloir qu'ils soient égaux en esprit, en talents, en appétit, en embonpoint, en stature. La vertu sera à tout jamais un privilége sur le vice, la science un privilége sur l'ignorance, le génie sur la sottise, la richesse sur l'indigence. Établissez le matin l'égalité de la fortune, le soir elle n'existera plus, car dans la journée les hommes d'ordre auront économisé, tandis que les fainéants auront dissipé au jeu, au cabaret ou ailleurs. Cette égalité sociale ou abolition des priviléges est donc une piperie pour le peuple crédule.

Mais passons là-dessus.

Est-il vrai que la liberté ne put s'exercer avant 89 et que le peuple était accablé de charges écrasantes ? En d'autres termes, est-il vrai que le peuple soit plus libre qu'autrefois et qu'il paye moins d'impôts?

Je ne le crois pas. Les révolutionnaires ont poursuivi les priviléges avec plus d'outrance que l'ennemi ; ils ont reparu sous d'autres noms et nous avons vu ces braves citoyens s'affubler après l'émeute du titre de généraux, députés, préfets, fonctionnaires de toute sorte. Les révolutionnaires ont hurlé contre les droits féodaux, ils sont revenus sous d'autres formes.

Entrons dans le détail.

Quant à ce qui concerne les dîmes, ce serait vous faire injure que de vouloir répondre sérieusement. Qu'étaient-ce que les dîmes ? C'étaient jadis des redevances en nature que les paysans des domaines ecclésiastiques payaient chaque année à l'Église pour reconnaître son droit de propriété. Avec les dîmes, ou dixième du revenu prélevé sur le fonds, le clergé entretenait les écoles [1], les hospices, bâtissait les églises, nourrissait les

1. On cherche à persuader aux simples que le peuple ne savait rien avant 1789. La statistique officielle prouve le contraire. On savait moins

pauvres, etc., etc.... La dîme a été abolie, et si elle avait dû revenir, la Restauration l'aurait rétablie. Mais depuis le vol et la vente des biens ecclésiastiques, le clergé n'est plus propriétaire. Conséquemment, les curés ne sauraient plus avoir aucun droit sur le patrimoine du peuple. Mais comme il importe qu'ils vivent honorablement selon leur caractère et puissent encore venir en aide à l'infortune ou à toutes les œuvres utiles, il a fallu que l'État leur allouât une indemnité en compensation des ressources qu'il avait gaspillées et dérobées à l'Église en 1793. Le traitement de 900 francs [1] que reçoit le clergé n'est donc pas un *privilége* ni une *grâce*, c'est une dette sacrée de l'État, qui s'est engagé à la payer annuellement par le concordat signé entre Pie VII et Napoléon en 1801. On trouvait dur autrefois de donner le dixième du produit de son champ pour entretenir le pasteur des âmes. La Révolution nous en a dispensés. Seulement au lieu de payer le tribut sous le nom de dîme, on le paye maintenant sous forme d'impôt. Seulement tandis que la dîme était proportionnelle à la récolte, l'impôt est d'une rigueur absolue et se paye toujours, qu'on récolte ou qu'on ne récolte pas. Seulement au lieu de verser la dîme entre les mains d'un homme pieux, qui la rendait en soins spirituels et en aumônes, on la remet au percepteur qui la verse dans

mais on savait mieux. L'instruction secondaire a baissé depuis 89. Et si l'enseignement primaire a gagné en étendue, il a sûrement perdu en profondeur. Je suis sûr qu'aujourd'hui on trouverait difficilement beaucoup de filles de villages pour écrire aussi élégamment que Jeanne d'Arc, l'humble bergère de Domremy. On peut voir le fac simile de ses lettres dans le beau livre de M. Wallon, ministre de l'instruction publique.

1. Ce qu'on oublie trop souvent dans les campagnes, c'est que le traitement de 900 fr. est généralement inférieur à celui du premier commis ou employé venu ; et cependant le prêtre, la plupart du temps, issu de parents peu à l'aise, dépense dans le cours de ses treize années d'études le petit patrimoine dont sa famille pouvait disposer pour son éducation dans les séminaires.

2

les caisses de l'État, d'où elle va souvent alimenter des théâtres, des danseuses, des fêtes publiques et autres choses de ce genre. Et encore, quand la gelée ou la grêle avait détruit ou diminué vos récoltes, le pasteur écoutait vos plaintes, et, au lieu d'exiger de vous ce que vous ne pouviez donner, il vous donnait ce que vous n'aviez nul droit d'exiger. Aujourd'hui, essayez de fléchir le percepteur : la loi est inexorable ; vous payerez ou vous aurez l'expropriation. — Êtes-vous donc plus libres que vos pères ?

Autrefois, la chasse était, il est vrai, le droit exclusif des seigneurs. Quiconque s'arrogeait le plaisir de braconner pouvait être châtié sévèrement. C'était dur. La Révolution a aboli cela. Maintenant ce sont les riches, ceux qui peuvent payer un permis, qui ont le privilége de la chasse. Tout autre, non muni du port d'armes, s'expose à être pris par le garde, à passer en police correctionnelle, à livrer son fusil et à payer l'amende. Ne feriez-vous que plumer une alouette devant votre porte, en temps prohibé, vous êtes pincé, on *verbalise* contre vous. C'est une somme de 50, 100 francs peut-être : bagatelle ! C'est le double quand il y a récidive, peut-être de la prison : bagatelle encore !! Jadis le grand seigneur se contentait de faire tirer les oreilles à un manant par son garde-chasse, et je ne sache pas que personne ait jamais tâté des galères pour avoir pris un lièvre au lacet. Aujourd'hui la police est inexorable. Êtes-vous plus libres que vos pères ?

Autrefois le métier des armes était volontaire. Le *privilége* des seigneurs était de se battre et de mourir pour la patrie. Les régiments leur appartenaient et portaient même leurs noms. Étaient invités à se ranger sous les drapeaux tous ceux qui se sentaient le goût des armes et quelque instinct d'honneur. C'était à prendre ou à laisser. Aujourd'hui la conscriptipn vous enlève vos fils ;

qu'ils aient ou qu'ils n'aient pas le goût de la guerre, il faut qu'ils marchent. Cultivateur, négociant, manœuvre, vous voilà privés de leurs bras. Pendant de longues années, ces pauvres jeunes gens iront traîner leurs loisirs dans les casernes et y contracter peut-être des habitudes perverses ou le dégoût de leur état. Franchement, êtes-vous plus libres que vos pères ?

Autrefois, les gens du seigneur étaient requis de venir réparer, par exemple, une ornière trop profonde, une fondrière où le véhicule de la châtelaine était exposé à verser. On n'était pas difficile alors en fait de routes, mais quelquefois les trous devenaient si profonds, les cahots si durs, qu'il fallait bien y porter remède. Alors, les gens du domaine étaient obligés de s'armer, qui d'une pelle, qui d'une pioche, et de combler le plus gros du précipice. Cela s'appelait une corvée. Ce nom vous fait dresser les cheveux sur la tête ? Eh bien ! aujourd'hui il n'en est plus question, mais vous avez la prestation. Vous êtes citoyens français ; chaque année vous devez trois jours de travail à la grande ou à la petite vicinalité. Êtes-vous par hasard laboureur ou roulier et muni, c'est-à-dire affligé d'une paire de bœufs maigres, d'un âne étique ou de cinq haridelles ? Ce sera encore tant par tête d'animal. Au bout du compte, la somme d'argent ou de travail sera assez ronde. Est-ce que vous êtes plus libres que vos pères ?

Autrefois existait la taille. La taille ! Ce seul mot fait frémir. Beaucoup ont parlé de la taille sans trop savoir ce que c'était. Les paysans tremblent encore en songeant que leurs pères furent *taillables* et *corvéables!* Mon Dieu ! la taille était tout simplement un impôt personnel ou foncier. Il était en général, très-minime. J'ai connu des villages où il se réduisait à un boisseau d'avoine par ménage. Seulement, dans certaines circonstances fort rares, on l'augmentait arbitrairement en proportion des

besoins. C'est ce que les démocrates ont appelé *être tail-
lable à merci!* Pour rien au monde le laboureur d'à présent ne voudrait être ainsi. On l'a donc débarrassé de la
taille. Mais en revanche, nous avons : impôt foncier,
impôt mobilier, impôt personnel, impôt des portes et
fenêtres, impôt des patentes, impôt sur les chiens, impôt sur les voitures, impôt indirect, impôt de centimes
additionnels. Avec ce petit cortége d'impôts qui ne fait
que s'accroître, on arrive à donner à l'État, au département, à la commune, une assez jolie portion de son revenu. Je connais des laboureurs qui en sont pour des
sommes assez rondes et que la gelée, les inondations et
la grêle ont affligés plusieurs années de suite. Jadis le
seigneur avait ordinairement des entrailles et n'était pas
trop dur envers ceux qui ne pouvaient rien. Mais l'État,
le département, la commune, n'ont que des bureaux et
point de cœur. Ils sont impitoyables. On vous envoie un
avertissement et vous payez. C'est vrai, vous n'avez
plus la taille. Mais êtes-vous plus libres que vos pères?

Autrefois on voyageait comme on voulait. Votre
passe-port c'était votre bonne figure et votre qualité
d'honnête homme. On ne vous confondait ni avec un
voleur ni avec un assassin. Aujourd'hui, à peine hors
de chez vous, vous devenez suspect. Le premier gen-
darme, le premier maire de village venu a droit de vous
demander poliment qui vous êtes, où vous allez, d'où
vous sortez. Il peut exiger vos nom, prénoms, profes-
sion et papiers. Si vous n'en avez pas il est en droit de
vous confiner au *violon* en attendant que vous ayez
trouvé une caution ou qu'il ait consulté le procureur ou
le brigadier de gendarmerie. Dites-moi : Êtes-vous plus
libres que vos pères?

Autrefois il y avait un seigneur presque dans chaque
village et généralement il traitait les paysans comme des
enfants. Jusqu'au lit de la mort le châtelain et la châte-

laine suivaient leurs protégés, ils les consolaient, les assistaient, leur procuraient des secours spirituels et temporels et même accompagnaient son corps jusqu'à la dernière demeure. Aujourd'hui il n'est pas rare de rencontrer dix, vingt propriétaires qui achètent, qui vendent, qui trafiquent les terres, qui augmentent les fermages tant qu'ils peuvent et n'ont plus le temps de s'attacher à nous. Vous direz que nous sommes autant qu'eux maintenant, c'est fâcheux pour eux qu'on a réduits à n'être plus rien; mais je ne vois pas que ce soit si heureux pour nous qui restons ce que nous étions, avec le désagrément de ne plus avoir de protecteurs.

Il est inutile de pousser plus loin ce triste parallèle. Je me borne en finissant le chapitre, à donner le plus solennel démenti à cette infâme calomnie du *droit du seigneur*, qui (cela est prouvé par des documents authentiques) n'a jamais existé ni en France ni ailleurs. Aujourd'hui encore les journaux rouges ont repris avec une sorte de rage ce vieux mensonge, qui osait accuser la France chrétienne d'avoir admis dans son droit public une immoralité aussi grossière. Ils savent qu'ils mentent; mais ils n'en mentent pas moins effrontément, sachant que le paysan est crédule, que cette bourde, à l'approche des élections, exaspérera le peuple contre les conservateurs ou les châteaux.

Il y avait bien, dans les temps anciens, un *droit du seigneur* très-répandu parmi les chrétiens, et dont les anabaptistes ont conservé la tradition. C'était l'opposé de ce que suppose la presse radicale; c'était la consécration à Dieu des trois premiers jours de mariage, que les époux passaient dans la continence et la piété. La France chrétienne n'a jamais connu d'autre *droit du seigneur* que celui-là.

Cela veut-il dire que, jadis, il n'y avait pas d'abus de ce genre, et que par-ci par-là quelques seigneurs débauchés n'abusaient pas de leur position? Personne ne le prétend. Aujourd'hui comme alors, les passions honteuses abusent de tout pour se satisfaire. Autrefois c'était l'ascendant de la propriété et de la noblesse; aujourd'hui c'est l'ascendant de la fortune et de la crainte. Combien de pauvres femmes, séduites, déshonorées, non par des seigneurs mais par un contre-maître, par un patron, par un directeur d'usine, de théâtre ou de magasin ! Combien surtout par ces sales journalistes qui ne croyent ni à Dieu ni à diable, foulent aux pieds toutes les lois morales, passent sans sourciller par-dessus tous les adultères, par-dessus toutes les infamies. Nos chefs communards ont donné de leur immoralité des échantillons que la France n'oubliera pas de sitôt. Il faut être radical éhonté pour oser parler encore des *vertus républicaines*.

Exagérations ridicules ou indignes calomnies : voilà en quoi se résument les fameux droits féodaux que la Révolution jette sans cesse à la face du peuple, pour l'épouvanter à la façon des moineaux, qu'on effraye avec des mannequins bizarres ou des oripeaux de couleur flottant au milieu des blés.

Si nos campagnes n'avaient pas d'autre danger à craindre que le rétablissement de la dîme, elles pourraient dormir tranquilles. Personne ne songe à revenir sur les vieilleries surannées, abolies pour toujours et qui supposaient d'ailleurs un pays tout autrement organisé qu'il ne l'est aujourd'hui. Il ne s'agit pas de revenir au moyen âge ni aux usages anciens; les peuples et les États ne peuvent pas plus revenir au moyen âge, que l'homme ne peut revenir aux années écoulées de sa vie. Autre temps, autres mœurs ! !

Nos démocrates le savent bien, mais ils savent aussi ce qu'écrivait il y a cent ans leur frère et ami, le démocrate Voltaire : « Mentons, mentons comme des diables, il en restera toujours quelque chose. »

Donc, ouvriers mes frères, ne croyez pas un mot de l'enseignement des brochuriers. Ce sont des pantins et des masques, des charlatans et des paillasses, des Tabarins et des Guignols. Crevez leur grosse caisse, enfoncez leurs bastringues et brisez leurs tréteaux. Enlevez-leur les costumes de théâtre; mettez à nu toutes leurs turpitudes, marquez d'un fer rouge tous ces faux monnayeurs de l'histoire, si leur épaule n'est pas déjà stigmatisée par quelque condamnation judiciaire, par le sceau de la franc-maçonnerie ou par le timbre de la confraternité des pétroleurs!!!

CHAPITRE III

Les argousins.

Un despote. — Allez vous faire photographier ! — Signalement du démocrate pur sang. — Ce qu'il est et ce qu'il veut. — Preuves à l'appui. — Pauvre France! — Le péril social. — Arrière les papelards révolutionnaires ! Restons au bercail !

Que feriez-vous, ouvriers mes amis, si au sein de votre village ou de votre foyer domestique, quelqu'un s'avisait tout à coup de s'arroger une autorité sans bornes, de critiquer vos actes à tort et à travers, de régler votre conduite et même de dominer votre conscience? Assurément vous demanderiez à cet impertinent de quel droit il se mêle de vos affaires et prétend s'arroger une pareille autorité. Probablement même, sans plus de compliment, vous le mettriez à la porte, et vous auriez raison. En tout cas, ce serait la chose la plus étrange du monde qu'on vous vît, tout à coup, devenir dociles comme un troupeau de moutons, vous incliner sous la volonté de cet homme, céder à ses caprices et obéir ponctuellement à tout ce qui lui plairait d'ordonner.

Et ce spectacle vous le donnez cependant, nous le donnons tous. L'impertinent, le capricieux maître, c'est le courtier en élections : c'est le radical.

Le radical a vécu de tout temps, mais il brille plus particulièrement sur le fond terne de l'âge où nous vivons. C'est sur les étoffes usées que les taches apparaissent le mieux. Dans ce vide d'idées et de croyances où notre siècle ballotte, le radical se découpe comme une balafre sur une laide figure.

Le radical est vieux. Le jour où l'homme sortait de terre le démocrate vivait déjà sous la peau du serpent. Il mène une vie souterraine. Il appartient à la classe des rongeurs. Il creuse, il fouille, il mine. De temps à autre il met le museau à l'air; puis il rentre dans son trou. Il est brave en paroles mais timide en action. Un peu d'énergie, de la part du pouvoir, le trouble et le déconcerte sans cependant le décourager. Il a la ténacité du renard. Il croit qu'à force de creuser le sol on cause un éboulement. Il n'a pas tort.

Le radical porte un type qui ne se dément pas, sauf quelques légères variantes, sa figure est la même. Héritier de la jalousie du prince des ténèbres, il hait l'autorité : il ne peut rien souffrir au-dessus de lui. Son talent principal ou plutôt unique est d'exagérer les défauts du pouvoir existant. Il vit de critique et de haine. Sa langue est maligne, sa plume incisive. Il ne boit que du venin et ne jette que du fiel. Nommez-moi un grand nom, montrez-moi un grand homme, un héros, qui vous voudrez, le radical en fera un nain, un être ridicule et cela en un tour de main[1]. Hélas ! il s'en prend bien à Dieu même ! ! !

---

1. Les radicaux des Vosges avaient une gloire dans le département, M. Buffet, ils l'ont foulé aux pieds. A un homme éminent ils ont préféré des hommes vulgaires. Ils se sont déshonorés. Mais il est un pays qui a

Le radical ne procède jamais que par voie de conjuration ou de société secrète. Il hait le grand jour et la vérité. C'est un oiseau de nuit. Il travaille à petit bruit. Il tisse un réseau pour envelopper son ennemi ; puis, quand la trame est ourdie, il attend comme l'araignée ; il épie, il guette sa proie jusqu'à ce qu'un hasard on un coup de main heureux la lui ait livrée. Et après ? Après, il fait comme l'araignée, il mange et boit ; il suce et dévore ; c'était bien ce qu'il demandait.

Le radical a toujours la même tactique : irriter le petit contre le grand, le pauvre contre le riche. Le radical veut tout brouiller, tout désunir. Son cri de ralliement commence toujours par : *A bas! A bas celui-ci ou celui-là!!! A bas ceci ou cela!* Le radical veut du bruit et du trouble, il persuaderait bien, s'il le pouvait, au pinson qu'il est aussi fort que l'aigle, et au hareng qu'il est l'égal de la baleine..

Le radical a toujours les mêmes auxiliaires et les mêmes recrues. Il descend à fond de cale du vaisseau de l'État, et recueille tout ce qu'il y trouve :

Les ivrognes, les paresseux et les débauchés ;

Les ouvriers corrompus par la mauvaise presse ou excités par les funestes déclamations des clubs ;

Les ambitieux et les jaloux mécontents ;

Le pêcheurs en eau trouble, les médecins sans clients, les avocats sans causes, les repris de justice, les faillis, les banqueroutiers. Ceux qui ont perdu leur situation par inconduite, sottise ou négligence.

noblement et courageusement combattu, et qui est revenu du combat, l'honneur sauf. C'est l'arrondissement de Mirecourt. Laissant à d'autres le triste mérite d'une funeste victoire, il n'a pas trouvé trop lourd le fardeau de la reconnaissance ; il n'a pas craint, pour ses yeux, le rayonnement d'une gloire supérieure. En votant prochainement pour M. Buffet les électeurs de cette circonscription pourront un jour avoir ce patriotique orgueil de dire à la France : Nous n'avons pas été les complices d'une faute, nous avons sauvé notre honneur !

Ceux qui pensent que *République* signifie que les riches doivent partager avec les pauvres et que les patrons sont les exploiteurs des ouvriers,

Enfin tous les déclassés que les carrières libérales repoussent comme indignes ou incapables.

Le radical est fanfaron. Il se rengorge volontiers. Il y a du capitaine Fracasse dans son faire. Il est toujours, à l'entendre, l'immense majorité des citoyens. C'est toujours au nom de l'humanité qu'il parle. Lui seul en comprend les besoins, les tendances et les vœux. Or l'humanité, pour le radical, c'est lui-même. Il fait sonner bien haut ses prétentions, mais il est aisé à satisfaire. Je m'étonne même que les rois ou gouvernements ne le devinent pas. La recette infaillible c'est de donner au radical de l'argent et des places. Avec cela, vous convertirez tous les radicaux de l'univers. Vous avez vu les purs, les incorruptibles de la première révolution, des républiques de 1848 et du 4 septembre. Combien de petits radicaux de village à qui l'écharpe municipale sourirait bien! Combien de cerbères à qui un petit gâteau fermerait la bouche!

Le radical est braillard. Si quelqu'un crie, jure, chante ou piaille, jurez que c'est un radical, on le reconnaît rien qu'au ton de voix. C'est au cabaret surtout qu'on le retrouve. Le cabaret est son domicile, son temple et son autel. Le radical et la bouteille sont inséparables; je ne sais s'il serait même possible de distinguer la cruche d'avec le radical. Le cabaret est la ruche où bourdonnent et se rassemblent les frelons de la démagogie, supprimez les quatre cent mille cabarets, bouchons, tavernes ou estaminets qui abreuvent la France, et la démagogie tombe à plat.

Le radical est toujours mal à l'aise en ce monde, et c'est pourquoi il en cherche un meilleur. Toute botte le blesse surtout celle qu'il ne porte pas. Il trouve les lois injustes, le pouvoir oppresseur, les grands dédaigneux, les curés intolérants, la police tracassière. Ordinairement il est sans argent, sans crédit, sans réputation, sans goût pour le travail, sans religion, sans morale, sans envie de bien faire. Il n'a ni sou ni maille, ni pot ni caisse, ou ce qu'il possède appartient à ses créanciers. Alors, alors vous comprenez, quel zèle pur! quel désintéressement! quel noble amour de l'humanité!

Le radical viendra-t-il à bout de ses fins? Oui; car la rouille mange les plus durs métaux, le plus ignoble insecte dévore les meilleurs fruits. En rongeant toujours le radical finira par miner le sol et renverser l'édifice. Les animaux rongeurs sont les plus terribles; rien ne saurait leur résister. On aura beau voir le calme à la surface; qu'importe si le sous-sol est miné? Le radicalisme n'est pas un principe, il est une négation. Il ne raisonne pas, il frappe. Le radical n'est pas un soldat de la pensée ni un homme de doctrine. Je ne crains ni sa science, ni sa raison, ni sa logique, mais bien sa scie, sa pioche et son marteau[1].

En révolution, le pire n'est pas de souffrir ni de mourir, mais de voir par qui l'on souffre et quelle main cherche à vous étrangler.

Oui, étrangler!! Car, malgré le calme apparent, l'horizon se charge, la nue s'épaissit. La race des hommes que nos souvenirs maudissent n'est pas éteinte, tant s'en faut. Les troncs de 93 et de la Commune ont poussé

---

1. Les prétendus amis et défenseurs du peuple ont toujours été ses bourreaux; qu'on en juge par les chiffres suivants :

Total des hommes du peuple guillotinés en 1793....... ..,... 10 332

En 1848, plus de 2500 ouvriers tués ou blessés. Plus de 11 000 arrêtés ou déportés, telle fut la part du peuple.

10 000 hommes condamnés ajoutés aux 20 000 fusillés ou tués, voilà le compte des révolutionnaires de 1870-1871 !

(DANIEL STERN; GÉNÉRAL APPERT.)

des rejets. Aussi bien, peut-il en être autrement? Les secousses terribles dont la France a été la malheureuse victime ne sauraient rester sans suites. Le vertige révolutionnaire est semblable à l'ivresse. Qui a bu boira. L'ivrogne est malade le lendemain, il est vrai, mais il a encore soif, et il oublie son malaise en recommençant à boire. Ainsi en est-il d'un peuple révolutionnaire. Les buveurs de sang ont laissé des successeurs ; les pillards des biens nationaux ont excité des convoitises et la canaille sans-culotte, celle qui chantait jadis la *Marseillaise*, a laissé une longue queue qui ne demande qu'à fretiller.

Je sais, ouvriers mes amis, qu'il est des gens qui ne manqueront pas de taxer d'exagération ce que je puis dire ici, à savoir : qu'il existe encore aujourd'hui des hommes prêts à recommencer toutes les orgies de la Révolution et de la Commune. Je n'affirme pourtant que ce que je sais, et je tiens à prouver mes affirmations.

Je me contenterai de citer quelques documents positifs et très-authentiques empruntés à la franc-maçonnerie et dont nos radicaux modernes ont accepté la doctrine :

« *Vous savez* » écrivait au comité révolutionnaire central le nommé Magari, « *vous savez les efforts que nous* « *faisons pour gagner les ouvriers. Les moyens les plus* « *simples sont ceux qui réussissent le mieux. Il faut exciter* « *leur soif de jouissances et leur peindre sous les couleurs* « *les plus appropriées à leur ignorance, la misère qui les* « *ronge. — Guerre à mort au clergé, qui veut. tuer notre* « *poule aux œufs d'or* » (Magari : *Lettre au Comité central*, 1834).

« *N'oublie pas les compliments*, écrit un autre. *On peut* « *maltraiter, piller, dépouiller un pauvre ouvrier isolé,* « *il se laisse faire. Car en face d'un homme éclairé il a*

« *peur. En public et lorsque l'ouvrier s'agglomère avec*
« *d'autres, la scène a changé. Alors l'agneau qui se laisse*
« *tondre devient loup. Mais ce loup a encore de petits fai-*
« *bles. Il aime l'encens comme un comédien. La flatterie*
« *leur monte au cœur comme elle monte à la tête d'une*
« *coquette. Quand on tient vingt ou trente prolétaires sous*
« *ses mains, il faut leur dire des choses qu'ils ne com-*
« *prennent pas, et qu'on leur explique à volonté, puis,*
« *sans périphases, leur dire avec un grand air d'enthou-*
« *siaste conviction, qu'ils sont justes, généreux, héroïques,*
« *les rois de ce monde et les intelligents de la terre.... Je*
« *sais bien qu'il est peu réjouissant de se plonger dans*
« *cette fange* (ouvriers, mes frères, voyez comme on
« vous traite !), *de se faire orateur de cabaret ou de*
« *ruelle, pour respirer les exhalaisons avinées de ces*
« *gens-là; mais le but couvre tous ces désagréments. Le*
« *peuple a besoin d'une grosse dose de flatterie. Émoussez*
« *vos palais pour parvenir à toucher le sien; et quand*
« *les ouvriers ont un grand homme en perspective,*
« *soyez sûr qu'alors vous les conduisez comme des enfants.*

Un autre écrit à un de ses amis :

« Ne dis pas que le vol et la communauté des femmes
« sont choses licites. Tu effarouches un sentiment que
« les riches et les sots appellent la pudeur. C'est con-
« venu entre nous, il n'est pas besoin de le proclamer
« si haut. Ce qu'il faut prêcher c'est le besoin de la ven-
« geance contre l'ordre social. Un jour nous ferons cou-
« ler plus de sang qu'il n'y a de gouttes d'eau dans le
» lac de Genève. Pourquoi parler de la communauté des
« femmes quand la promiscuité est un devoir? Pourquoi
« se faire du vol une ressource légale, quand nous an-
« nonçons qu'il n'y aura plus ni *tien* ni *mien?* Lais-
« sons donc aux pauvres d'esprit les moyens vulgaires.
« Je te le dis en joie : le vieux monde est au plus bas

« et il craque » (Maximilien Stepp : Lettre du 17 jan-
« vier 1841.)

On lit les paroles suivantes dans une lettre adressée
au journal de Lausanne, intitulé : *Alliance des peuples :*

« Il ne nous manque plus qu'une volupté : c'est de
« pendre, de nos mains, le dernier prêtre au cou du
« dernier riche. »

Voici encore un extrait du dernier numéro du *Ver-*
mesch-journal :

« Le gibet auquel on accrochera leurs charognes im-
« mondes (il s'agit de la Commission des grâces) s'élè-
« vera sur la place de la Révolution entre les deux fon-
« taines ; on le construira solide, pierre et fonte, pour
« qu'il dure aussi longtemps que le siècle. Les cadavres
« des misérables seront goudronnés afin qu'ils se con-
« servent plus longtemps. Et pendant que le vent les
« balancera dans l'air, pendant que les corbeaux leur
« becquèteront les yeux, la garde nationale fédérée
« veillera au pied du nouveau Montfaucon. »

Je termine en citant quelques phrases empruntées à
la fine fleur de nos démagogues. Ce sera assez pour
prouver avec ce qui précède, qu'un radical ne vaut pas
grand'chose.

« Nous avons été fort heureux d'être vaincus par les
« Prussiens ! » (Le député Dupuy.)

« Défions-nous de la discipline, elle tue le citoyen dans
« le soldat. » (E. Pelletan.)

« Périsse la France plutôt que la République ! » (*Eclai-*
reur de Sainte-Étienne.)

« Oui, nous désirons chasser Dieu de toutes nos lois ! »
(*Ordinaire.*)

« Ce qu'il faut au peuple, c'est la révolution perma-
« nente. Tous les moyens sont bons pour l'obtenir ; le
« poignard, le poison, le guet-apens, les armes à feu. »
(Salle du théâtre Musset, à Marseille, 1870.)

« Il faut installer la guillotine sur la place publique
« et couper la tête à tous les réactionnaires. » (Club du
Creusot, 1870.)

Le fameux Naquet n'a-t-il pas dit en pleine Assemblée
nationale, qu'entre les insurgés et les soldats son choix
était fait, qu'entre les assassins des otages, des prêtres,
des magistrats, des gendarmes, il optait pour les assassins ? (Voir *Officiel*, 28 décembre 1875.)

« Nous sommes forts avec la conviction de la justice
« de notre cause ; notre devise est celle de nos frères de
« Lyon : *Du pain ou du plomb*. (Manifeste des ouvriers
mineurs du Hainaut, 1875.)

« Dieu a fait son temps, et les bourgeois n'ont pas de
« raison d'être. » (Brochure publiée par l'Internationale
en 1875.)

C'est par milliers que nous pourrions multiplier ces
citations, puisées dans toutes les brochures qu'on ré-
pand dans les usines et les ateliers. Mais est-il possible
de douter à présent de l'imminence, ou plutôt de l'existence perpétuelle et trop visible du péril social? Pour ma
part, et sans que je veuille jouer en rien le rôle d'alar-
miste, j'estime, avec M. Buffet, que le péril social est là,
devant nous, à nos portes, nous épiant, nous menaçant,
tout autant qu'il nous épiait et nous menaçait en juin
1848 et en mars 1871. Laissez s'affaiblir un moment ce
qui subsiste encore en France d'autorité et de vigueur
gouvernementale, vous verrez la Commune s'emparer
soit *légalement*, soit avec le *plomb*, du pays tout entier.

Il n'y a donc pas à s'y méprendre, c'est bien un 93 ou
la Commune que les radicaux voudraient recommencer ;
et quand même tous ne le voudraient pas, ils seraient
entraînés par la force des choses à dépasser leur but.

Aussi, mes chers amis, tenez-vous bien en garde contre les révolutionnaires et leurs doctrines. Vrais papelards, on peut se tromper à leur mine. Ils agissent tou-

jours *à la bonne franquette* ; ils vous serrent la main, ils font frérie. Ils se ruinent à promettre tout et à ne rien tenir, ils fauchent les fleurs de lys, ils plument le coq gaulois, éventrent l'aigle de l'empire et battent des mains à la vue du triangle égalitaire ou du bonnet phrygien. Poltrons comme des lièvres, s'il y a du danger ils se sauvent ; rapaces comme des vautours, s'il y a profit, ils s'en emparent ; égoïstes en tout temps, ils sont toujours prêts à sacrifier les autres pour s'élever d'un échelon [1]. Nous avons vu à l'œuvre les rouges d'autrefois ; craignez les rouges d'aujourd'hui. Là vipère a fait des petits. Les tigres ont laissé leur nichée. Bouchez vos oreilles à leurs discours menteurs. Ils mettent des peaux de brebis pour mieux vous tromper. Mais ne vous y laissez pas prendre. Sous les paroles mielleuses, sous les voix flûtées il y a une arrière-gorge de loup et le goût du sang. Ils ne crient, ils ne hurlent contre le berger que parce que le berger les empêche de vous croquer. Le berger dans l'ordre religieux, c'est le pape ; dans l'ordre

---

1. Chose curieuse, c'est que bon nombre des chefs de la démocratie contemporaine sont des richards tout cousus d'or.

L'illustre M. Havin, le prophète du *Siècle*, a laissé en mourant quatorze pauvres petits millions. Le pauvre homme ! A lire son journal, on ne s'en doutait guère. Les journaux démocratiques font, paraît-il, de bonnes affaires. Et aux dépens de qui ?

Victor Hugo, le grand, l'austère Hugo, le magnifique poëte de la république universelle, est un pauvre homme affligé de *quatre cent mille livres de rente*. On le dit aussi avare, aussi égoïste qu'il est vantard.

Faut-il parler de son ami de cœur, le pourfendeur Garibaldi, qui, sous prétexte de porter secours à la république Gambetta, Crémieux et Cie, est venu vivre à nos dépens avec quinze mille bandits, poltrons comme la lune, vrai rebut de l'humanité. Avec ses grands airs de désintéressement, Garibaldi a des mœurs de pacha. Dieu sait les millions qu'il nous a mangés en trois mois, sans compter ceux que les frères et amis lui ont laissé emporter à Caprera, lorsqu'il s'est sauvé. Lui aussi fait des proclamations pathétiques sur *la misère du peuple opprimé par les prêtres et les rois*.

Et Rochefort ? Monsieur le comte de Rochefort-Luçay ? En Belgique, ce

temporel, c'est le chef de l'État. Restez donc au bercail à l'abri de la vaillante épée du Maréchal, dont ils ont grand peur, parce qu'il ne se *« résignera jamais à devenir le jouet des factions et des passions radicales, et l'instrument passif de leurs exigences. »* (Discours de M. Buffet, 24 décembre 1875.)

pauvre exilé gagnait avec sa *Lanterne une dizaine de mille francs par mois*, et il avait un appartement princier, avec enfilade de salons, laquais superbes, etc., etc.

Ledru-Rollin était un gros richard depuis 1848. Crémieux est riche comme Crésus. Gambetta, fils d'un pauvre marchand de Cahors, s'en est donné à cœur joie pendant sa dictature et a fait rouler les millions de la France avec autant de facilité que les proclamations. Les chefs de la Commune, presque sans exception, allaient d'orgies en orgies, buvaient, volaient comme des Prussiens. Et voilà les misérabtes qui se disent les amis du peuple !

CHAPITRE IV

Les patriotes.

Les faux et les vrais. — Moyens de les reconnaître. — Notre choix. —
Difficultés d'un député. — Le suffrage populaire. — La casemate et le
perroquet confiant. — L'abstention et le devoir. — Aux urnes ! !

Plus j'avance dans la vie, plus ma tendresse pour la
France devient profonde. A mon âge, je trouve la France
plus meurtrie et plus humiliée qu'à aucune époque,
mais ma piété filiale pour elle s'accroît dans la proportion même de ses abaissements et de ses blessures. Ce
feu sacré surabonde à tel degré dans mon âme, que je
viens, comme irrésistiblement, en secouer les étincelles
sur les vôtres, et vous presser de prouver à l'Europe
que c'est encore à la campagne qu'est le noble foyer du
patriotisme, et que c'est là toujours qu'on est sûr de
trouver les *bons français.*

Désenchanter et déshonorer la patrie, bouleverser et
trahir la patrie, voilà deux écueils sur lesquels tentent
de vous entraîner certains courants de notre siècle et
que je vous recommande d'éviter.

Et d'abord, gardez-vous de déshonorer la patrie. Ah !

-ce n'est pas là ce que vous dira le patriotisme qui fait le plus de tapage à l'heure où nous sommes, celui du radical. Lui, commence ses témoignages d'amour par le découronnement de la patrie. Il ne peut supporter qu'elle garde dans l'esprit une seule étincelle de sens commun sur les grandes questions sociales : la religion, la famille, la propriété. Par les mains de ses lettrés, de ses savants, de ses orateurs, de ses hommes d'État (quand il peut en avoir), le radical fait verser et mêler dans une même coupe toutes les erreurs les plus stupides et les plus abrutissantes. Offrant ensuite cette liqueur empoisonnée à la France dont il se moque, il voudrait la voir s'y abreuver à longs traits, et sa plus grande ambition serait satisfaite s'il voyait la patrie troublée par les vapeurs de ce vin meurtrier, chanceler comme un homme ivre et s'en aller en ricanant à tous les abîmes où la pousserait sa démence.

Ces faux patriotes ne veulent pas seulement la France insensée, ils la veulent triviale. Sa langue si délicate et si belle, ils la remplacent par un espèce de jargon sauvage; sa politesse, ils lui substituent l'insolence; son goût exquis pour les arts, on peut juger du cas qu'ils en font par les ruines de la Commune. Il faut également pour eux que la France soit féroce. Les sauvages, m'a-t-on dit, prennent leurs délices à boire dans le crâne de leurs ennemis. Si la France obéit aux vœux du patriotisme révolutionnaire, elle boira le sang même de ses enfants les plus généreux et les plus honnêtes. N'est-ce pas ainsi que les assassins des otages auraient désiré faire? Et derrière eux, n'avaient-ils pas, en province, une foule de complices avoués ou secrets, qui maintenant les renient, parce qu'ils ont été vaincus, tandis que, vainqueurs, ils nous auraient conduits comme les autres et nous conduiraient encore à l'anthropophagie?

Voilà, mes chers amis, le patriotisme qui s'étale, avec

faste, sous nos yeux et se donne pour le seul patriotisme vrai qui soit dans le monde.

Ce n'est pas tout : quand la patrie est en paix, le patriotisme radical aspire à la bouleverser et à la trahir, afin de satisfaire, à travers le chaos, son ambition des honneurs et sa soif pour l'argent. Est-elle en détresse ? il en aggrave les malheurs en multipliant les agitations ou en abusant avec tyrannie du pouvoir quand il s'en est emparé. N'est-ce pas ce que nous avons vu au 4 septembre, pendant la guerre et pendant la Commune[1]? Ni les douleurs du pays ne désolent son âme, ni le désir de les soulager ne suscite en lui de généreux élans; et sa grande étude a pour but, d'une part, de

1. Voici ce que nous lisons dans une brochure célèbre : *Equilibre européen après la guerre de* 1870.

« Le cabinet de Vienne, préoccupé de la résistance inattendue de Paris et du développement soudain de nos armées dans la province, pensa que le moment d'une médiation armée était venu. Un seul obstacle arrêtait l'Autriche, l'état précaire de ses finances. Monsieur Gambetta chargea un *agent confidentiel que le gouvernement français entretenait à Vienne,* d'aborder *nettement la question des finances avec le gouvernement autrichien, en déclarant qu'elle serait résolue par la France.* »

« L'Autriche stipula ses conditions qui furent acceptées : *Un million de francs par mille hommes mis en campagne.*

« Toutefois, comme tout naturellement le semblant de gouvernement qui existait à Tours inspirait peu de confiance et sans doute beaucoup de répugnance à l'Autriche, celle-ci déclara qu'elle entendait traiter avec une Assemblée élue: *ayant qualité pour représenter et engager la France,* lors même que cette réunion compétente ne serait prise que dans la *sein des conseils généraux et désignée par ceux-ci.*

« Mais **M. Gambetta repoussa d'une façon absolue : « toute « pensée d'un appel aux électeurs ou de la convocation d'une « Assemblée quelconque »** *et l'on en resta là.* »

Est-ce clair? Impossible de révoquer les faits en doute. *Paris-Journal* affirme que depuis longtemps ils sont connus dans toutes les cours de l'Europe. D'ailleurs M. Gambetta reste muet et se garde bien de protester. Ce qui a arrêté cet homme de malheur dans les négociations qui pouvaient nous sauver, c'est l'ambition de dominer seul, de présider en dehors de la France à ses destinées!

faire d'ardentes déclamations en faveur de la patrie;
d'autre part, de se soustraire soit aux champs de bataille où l'on expose sa vie, soit aux offrandes héroïques
où l'on ébrèche sa fortune.

Oh! comme la conduite du vrai patriote diffère en
tous points de ce patriotisme de contrebande! Il ne se
confond jamais ni avec le vil adulateur des hommes
puissants ni avec le frondeur haineux de toute autorité.

S'il est dans les emplois du gouvernement, militaires
ou civils, son but à lui ce n'est pas l'argent, mais l'honneur et la prospérité du peuple. Simple citoyen, il sait
que dans toutes les sociétés, il y a des abus et il en désire la réforme successive, mais il abhorre la violence
de ceux qui voudraient les réformer par le pillage et par
de sanglantes vengeances; parce que de tous les abus
ce sont les plus terribles et les plus funestes. Il n'appelle
pas, il ne provoque pas les discordes civiles; au contraire, par son exemple et par ses discours il modère
autant qu'il peut les exagérations et prêche l'indulgence
et la paix. Il ne cesse d'être un agneau qu'au jour où la
patrie réclame son bras. Alors il devient un lion, il
combat et triomphe ou meurt.

Tel est le patriotisme des citoyens généreux qui comprennent que, comme les matelots d'un équipage, ils
doivent rester d'autant plus unis que le vaisseau, battu
par la tempête, est plus près de sombrer.

Dans une circonstance aussi grave que celle où la
France se trouve aujourd'hui, notre premier devoir est
donc d'étouffer les aspirations et les rancunes de parti, pour ne songer qu'à l'intérêt de la patrie commune.
Formons une armée aussi compacte, aussi solidement
unie, aussi rigoureusement disciplinée que le sont les
partisans de la Révolution.

Ce qui fait la faiblesse du parti conservateur, c'est

qu'il est divisé en quatre corps : *légitimistes, orléanistes, bonapartistes, républicains modérés*, qui votent les uns contre les autres, tandis que les ennemis de l'ordre marchent toujours en bataillons serrés. Le jour où tous les groupes conservateurs, au lieu de perdre leurs voix en les éparpillant, auront le bon esprit de les reporter sur le candidat qui aura le plus de chances, ce jour-là notre succès est certain, car, Dieu merci, les honnêtes gens sont en majorité dans notre pays !

N'écoutons que la voix du patriotisme ; sacrifions, je le répète, nos préférences politiques pendant cinq ans, c'est-à-dire tant que durera le gouvernement loyal et réparateur qui préside en ce moment à nos destinées.

Si les conservateurs ne comprennent pas ainsi la situation, la future représentation nationale sera vieille ou valétudinaire.

Or l'état valétudinaire peut devenir une grande et dangereuse maladie. Sans doute, ce n'est pas une souffrance aiguë ni qui s'annonce immédiatement mortelle. On peut revenir à la santé, mais on peut aller aussi jusqu'à la mort. Seulement une intempérie, un rhume, un mal de tête, la moindre imprudence fait trembler pour la pauvre machine détraquée.

A l'heure qu'il est, je ne vois qu'un moyen d'essayer encore quelque chose pour commencer la constitution de notre unité : c'est de nous servir de la seule et dernière arme civique qui nous reste, pour procurer des amis et des défenseurs au grand parti de l'ordre et de la paix.

On recherche vos voix, chers habitants de la campagne, ne les donnez pas à la légère. Apportez un soin extrême dans le choix de vos candidats. Défiez-vous des coureurs ; écartez les personnalités funestes et bruyantes qui font de la politique un métier, les hâbleurs qui vous promettent beaucoup trop pour tenir leur parole, les brouillons qui ne rêvent que désordre et qui font leur fortune à mesure que le pays s'appauvrit par des changements de gouvernement.

Défiez-vous aussi de ceux que j'appellerai *faux conservateurs*[1], et qui prennent une peau de brebis pour mieux tromper les pauvres électeurs avec ce déguisement. Aujourd'hui (parce qu'on veut avoir des suffrages), tout le monde se dit conservateur, ami du gouvernement. On maudit les communards qu'on se propose de faire revenir bientôt! On est tout sucre et tout miel. A peine dans certaines professions de foi, que colportent les cinq ou six drôles qui font l'opinion dans chaque canton, trouve-t-on quelques mots, quelques phrases à reprendre. Encore une fois, prenez garde et souvenez-vous! Soulevez la peau d'emprunt et de circonstance pour bien voir ce qu'elle cache. Se contenter des mots serait d'une simplicité impardonnable. Le papier se laisse écrire. Il faut aller plus loin. Il faut, comme on dit, exiger les points sur les i. Une plume habile et une langue bien pendue a bientôt fait de rédiger une belle circulaire ou de prononcer un beau discours. Lorsque le candidat est douteux, quand il passe notoirement pour radical et cherche à se faire passer pour *conservateur*, tenez-vous en défiance. Si vous voyez un homme insulter aux autels, à la sainteté conjugale, à la décence, à la probité, et crier : *Patrie! Patrie!* ne le croyez pas. C'est un hypocrite de patriotisme, c'est un mauvais citoyen. Ce n'est pas avec des hommes

1. On me permettra de citer ici la comparaison pleine de sens que me faisait naguère un bon campagnard, au sujet des câlineries que font en ce moment les candidats suspects : *Oh! monsieur, soyez sans inquiétude à notre égard; quand nous trouvons des œufs de coucou dans un nid de verdiers, nous savons bien que les petits qui en sortiront ne seront pas des verdiers. Oui, les rouges nous disent que nous ne payerons plus d'impôts! Avec quoi les payerait-on? Ah! ils ne parlent pas de supprimer leur traitement! Ils ne nous goberont pas!*

de cette trempe que la France se relèverait jamais.

La première qualité à exiger d'un canditat, c'est d'être en même temps honnête et capable.

La besogne qui attend vos élus à Versailles sera une des plus difficiles pour les hommes de passion, mais aussi une des plus simples pour les bons citoyens. Il s'agit non-seulement de faire des lois sages, mais encore de rapprocher par une union féconde les partis qui, jusqu'à ce jour, ont divisé le pays en se disputant le pouvoir. Il nous faut des hommes d'une capacité, d'une loyauté, d'une activité à toute épreuve. Quand l'un de nous a besoin d'un défenseur pour soutenir une cause d'où dépend son avenir, il choisit celui qui lui paraît le plus habile et le plus honnête. Serons-nous moins exigeants envers les hommes dont les résolutions pèseront sur les destinées d'un grand pays comme la France?

Il faut donc qu'aujourd'hui, en dehors de tout parti politique, de toutes les opinions, de toutes les relations et de tous les services, nous ne choisissions pour députés que des hommes désintéressés, intègres, au courant des affaires, et qui (alors même qu'ils ne seraient pas orateurs) diront toujours le mot juste dans les bureaux, et fourniront un bon argument en faveur des questions religieuses, financières, industrielles ou agricoles[1]. N'en exigeons pas davantage de nos candidats. Contentons-nous du possible au défaut du mieux qui viendra plus tard, si nous sommes sages.

---

1. Je ne serai jamais député; pour cela il faut être plus instruit et plus riche que je ne suis. Mais je vous déclare qu'à mes yeux, le côté difficile pour un député qui veut contenter ses électeurs est celui qui a rapport au vote des impôts. Je n'ai pas encore rencontré un contribuable admettant comme juste l'impôt auquel il se trouve particulièrement assujetti. Pour chacun de nous, la plus forte contribution est toujours celle qu'il est obligé de payer. Les tailleurs prétendent avoir été beaucoup trop imposés en comparaison des cordonniers; les cordonniers affirment tout l'opposé.

Et puis, quand notre choix sera définitif, ne restons pas dans l'inaction. Ce n'est pas assez d'être un conservateur, il faut être un conservateur *militant*. Combattons en nous-mêmes les défaillances et le découragement, empêchons chez les autres l'indifférence et l'abstention.

Un bon citoyen, un seul homme qui veut remplir tout son devoir, fait plus qu'on ne pourrait croire et même plus qu'il ne sait. Dieu l'assiste visiblement, multiplie ses forces, accroît son influence. Par miracle, ce temps hostile rend justice à l'humble vertu, qui sans attendre et sans demander de récompense, par le seul amour du bien, se porte au secours de la chose publique en détresse. C'est quelque chose de si beau et de si rare que l'amour du bien ! Involontairement les esprits en sont frappés. Ils se disent : « Faisons comme celui-là ! »

On ne veut plus croire à la force du bon exemple. Il n'y en a cependant pas d'autre ! Sans doute, vous trouverez des gens qui vous diront : « Oui, nous comprenons « l'utilité qu'il y a de voter quand il s'agit d'un conseiller municipal ou d'un conseiller général. Ceux-là « on les connaît, ils peuvent nous rendre des services. « Mais que peut nous faire la candidature d'un député « que nous ne verrons peut-être jamais et qui ne prendrait probablement pas la peine de nous répondre « si nous lui écrivions pour lui demander quelque « chose ? »

Que les citoyens qui seraient tentés de tenir un pareil langage sachent bien que l'on n'est jamais en

Les marchands affirment que le commerce est surchargé relativement à l'agriculture ; les cultivateurs déclarent tout le contraire ; ainsi de suite. Tout cela prouve que l'égoïsme engendre presque toujours l'illusion. Évidemment, il est juste que le grand propriétaire paye plus que le petit, puisqu'il possède plus ; mais il serait injuste de lui faire tout payer pour n'avoir rien à exiger de ceux qui possèdent moins que lui.

droit d'apprécier au seul point de vue des intérêts personnels l'accomplissement de ses obligations civiles. La société nous perfectionne, elle nous accorde protection pour nos personnes et non pour nos biens. C'est à l'état social que nous devons la plupart des avantages dont nous jouissons. Serait-il juste et naturel que nous lui refusions notre concours, d'autant plus que l'ordre social a besoin de ce concours pour remplir efficacement sa mission à notre profit? Se désister de ce qui intéresse la société, c'est répondre par l'ingratitude à un bienfait, c'est s'exposer à perdre les avantages que l'on retire de l'organisation sociale.

Ce n'est pas, il est vrai, l'affaire des laboureurs de s'occuper de politique, comme on le fait dans la plupart des clubs séditieux des villes ; mais de la politique violente et passionnée des clubs à l'accomplissement des premiers devoirs du citoyen, quelle distance ! A l'époque ou les neuf dixièmes des paysans n'avaient aucun droit de concourir à la nomination des députés, nous étions furieux contre les riches qui maintenaient de pareilles inégalités ; et maintenant que nous voilà tous égaux, nous n'irions voter que quand on nous promet de l'argent ou de la boisson ? Est-ce logique, est-ce raisonnable ?

Non, mes amis, ne laissons pas croire à la France que les paysans sont assez peu patriotes pour rester indifférents devant ce qui ne rapporte pas immédiatement de l'argent. Votons tous et votons consciencieusement, il y va de notre honneur, de nos intérêts les plus sacrés. Du moment où le choix vous est donné entre un homme de bien et celui que vous croyez être un mécréant, il ne vous est pas permis de vous abstenir, sans que votre conscience vous reproche d'avoir mis entre les mains d'un indigne le pouvoir dont Dieu vous a chargé de disposer. Ah ! quand j'aperçois la France mutilée, étendue sur le champ de bataille de ses défaites et de ses douleurs, et que je compte nos *abstentions*, je constate une fois de plus ce dont je me suis trouvé trop souvent le témoin inconsolable, je veux dire le manque d'élan patriotique et de dévouement à notre mère désolée. Je constate cet égoïsme indolent qui a paralysé tant de bras et glacé tant de cœurs !

Et, si des jours plus sombres viennent encore succéder aux jours de tristesse que nous avons traversés, quel ne sera pas le regret amer de ceux qui pourront se dire : Je pouvais contribuer à conjurer ou à retarder l'orage, ma voix est restée muette.... Je me suis abstenu !.... Si l'on dépouille mes enfants et mes frères, si l'on corrompt le cœur et l'esprit des fils de la France, si l'on insulte la religion, si l'on ferme les temples, si l'on exile Dieu !... j'en ai ma part de responsabilité !.... *Je me suis abstenu.*

Hélas ! l'homme d'ordre s'abstient, tandis que l'homme de désordre se précipite à l'urne. Il recule tandis que l'autre s'avance ! on lui offre le combat et il n'ose l'accepter ! L'arme, dans cette lutte, c'est le bulletin. Rester chez soi ce n'est pas lutter, c'est trahir. Le soldat qui dort au lieu de monter la garde en face de l'ennemi est traître à la patrie.

« Impossible, dit-on quelquefois, de prendre part aux élections, nous ne voulons pas nous faire d'ennemis ! cela nuirait à notre clientèle ! Pourvu que je vende ma rhubarbe et mon séné, que m'importe le reste? Po rvu que je sois tranquille dans ou derrière mon fromage de Hollande

Les choses d'ici-bas ne me regardent plus ! »

Passe pour le citoyen sans cœur et sans patriotisme de l'infortunée Ratopolis de raisonner ainsi; mais des hommes d'ordre !!! Avouez, mes chers amis, que c'est triste !

Je termine par un dernier prétexte dont les hommes d'ordre couvrent leur abstention et par une fable que je les engage à relire fréquemment.

« Les choses vont, disent-ils, pourquoi nous en mêler? Elles iront bien tout de même ! Un de plus, un de moins! restons chez nous! »

C'est la position béate d'un général ventru commandant une ville assiégée. Il a fait blinder sa casemate. Il dit : « Je suis en sûreté, nous ne risquons rien, » et ses canons restent muets.

Son chef d'état-major lui dit chaque jour et souvent : « Général, l'ennemi fait des tranchées et des mines....— Bah! bah! nous n'avons rien à craindre de l'ennemi; quand il sera sur le glacis nous le foudroierons à l'aise. »

Et un jour l'assiégeant, qui n'a pas été inquiété dans ses entreprises, met le feu à la mine, un bastion saute, le fort s'ouvre, la ville est prise !...

« Déjà! comment !... Impossible! fait le général !...

— Traître ! disent l'histoire et la postérité. »

Abstenants, il en sera de même de vous ; si vous ne mettez à profit l'arme de salut, bien précaire, sans doute. C'est le moyen pour vous de donner à la France une autorité d'ordre et non de destruction! Vous ne l'employez pas! Un avenir trop prochain vous donnera la tardive et irréparable intelligence de votre complicité avec les acteurs du désordre.

Abstenants, méditez de temps en temps ce qui suit :

LE PERROQUET CONFIANT.

Cela ne sera rien ! disent certaines gens
Lorsque la tempête est prochaine.
— Pourquoi vous affliger avant que le mal vienne?
Pourquoi ? Pour l'éviter s'il est encore temps.

Un capitaine de navire,
Fort brave homme mais peu prudent,
Se mit en mer malgré le vent.
Le pilote avait beau lui dire
Qu'il risquait sa vie et son bien,
Notre homme ne faisait qu'en rire
Et répétait toujours : *Cela ne sera rien !*
Un perroquet de l'équipage,
A force d'entendre les mots,
Les retint et les dit pendant tout le voyage.
Le navire égaré voguait au gré des flots,
Quand un calme plat vous l'arrête.
Les vivres tiraient à leur fin :
Point de terre voisine et bientôt plus de pain.
Chacun des passagers s'attriste, s'inquiète,
Notre capitaine se tait.
Cela ne sera rien ! criait le perroquet.
Le calme continue; on vit vaille que vaille ;
Il ne reste plus de volaille :
On mange les oiseaux, triste et dernier moyen !
Perruches, cardinaux, catakois , tout y passe.
Le perroquet, la tête basse,
Disait plus doucement : *Cela ne sera rien !*
Il pouvait encor fuir : sa cage était trouée;
Il attendit; il fut étranglé bel et bien,
Et mourant, il criait d'une voix enrouée :
Cela.... Cela ne sera rien.

(Florian.)

Il y a encore un petit trou à la cage sociale où nous sommes emprisonnés, c'est la fissure de l'urne électorale; profitons-en pour échapper au danger s'il se peut. Voter mal ou s'abstenir, c'est vouloir se perdre par sa faute.

CONCLUSION

**Les immortelles conquêtes de 89. — Dieu le veut !
Sauvons la France !**

Comme je vous l'ai montré, nous descendons depuis quatre-vingts ans, c'est incontestable. Chaque révolution nous a arraché des plumes de notre aile ; cette fois l'aile même est restée aux mains du vainqueur.

Nous glissons vers la fin sans paraître nous en douter. Du haut en bas de la société on vit dans un brouillard épais qui semble nous ôter le don de voir.

On n'écoute que les déclamations ineptes, on ne prête l'oreille qu'à des racontars idiots. Nous errons sans boussole, au hasard, faisant de la politique comme on joue à colin-maillard, et certes, il ne manque pas, chez les radicaux, de gens qui prêtent leurs mains à nous serrer le bandeau autour des yeux. Des hommes gagés nous apprennent, dès notre enfance, à mépriser le passé, à maudire la foi religieuse et les croyances politiques de nos devanciers dans la vie. On rompt, devant nos esprits trop crédules, la chaîne de la tradition française, tradition glorieuse, c'est indéniable.

Quoi qu'ils fassent ils ne supprimeront pas l'histoire vraie. Elle reste, comme un témoignage de ce que nos pères ont accompli et de ce que nous avons perdu, grâce à nos révolutions.

Nous ne tombons pas, nous sommes tombés. La dernière leçon (il n'y en a pas de plus dure dans l'histoire) serait-elle encore une leçon perdue ?

Aujourd'hui, Guillaume de Prusse, le petit-fils de l'électeur de Brandebourg que Louis XIV n'eût pas daigné recevoir, aujourd'hui le descendant de ce duc de Savoie que le grand roi traitait si durement à la moindre incartade, devenus tous deux, grâce à nos folies, de puissants chefs de peuples, nous pillent, nous battent, nous rançonnent ou nous trahissent, et cela sans que nous ayons un mot à dire. Force nous est de ronger nos affronts en silence. Pour nous relever de tant d'abaissement, qu'avons-nous fait et que faisons-nous ? Nous envoyons dans les parlements de la glorieuse nation des cuisiniers, des banquistes, grands déposeurs de bilan, des émeutiers sans courage, des avocats chevelus et des naufragés de tous les mondes.

La France décroît d'une manière effrayante. Prenez-y garde. Bientôt il ne sera plus temps.

Votre frontière est à quatre lieues de Paris ! Souvenez-vous !

Oh ! quand donc verrons-nous clairement les choses ! Qui donc viendra d'une voix tonnante, répéter aux âmes engourdies : Levez-vous ! Dieu le veut !

Ce fut un beau jour que celui où l'Europe et la France en particulier répétèrent ce mot des croisades, mot qui devait avoir un tel retentissement et opérer tant de merveilles. Il s'agissait alors de sauver le monde de la barbarie. La circonstance était grave. La fausse religion de Mahomet, comme un torrent qui se grossit en courant, menaçait d'envahir le monde chrétien. Les rois et les grands, occupés de leurs intérêts, s'endormaient pour la plupart dans une funeste sécurité, ou dépensaient leur activité en stériles et sanglants débats. Mais la papauté veillait. L'Europe croyante n'attendait qu'un souffle pour se ranimer, une voix pour sortir de son lourd sommeil. Cette voix, ce souffle ne firent point défaut : la croix, la civilisation, le monde furent sauvés.

Oui, le mouvement fut magnifique. L'histoire en offre peu qui l'égalent. Ce seul mot : *Dieu le veut!* passa comme une étincelle électrique d'un bout de l'Europe à l'autre; il éclaira les aveugles, il fit entendre les sourds, il fit lever les morts.

Certes! aujourd'hui le danger n'est pas moins grand que du temps de nos pères. Un nouveau mahométisme, la Révolution, tend à remplacer l'ancien, et n'aspire à rien moins qu'à envahir, comme lui, l'Europe et le monde. Encore une fois, qu'on ne se fie pas à un calme apparent : le danger est pressant, plus pressant qu'on ne veut le croire. Et aujourd'hui, comme alors, une funeste torpeur pèse sur la masse des hommes. Personne ne songe qu'à ses intérêts; nul ne s'inquiète de ce que deviendra la patrie, pourvu que sa personne ou ses propriétés n'aient rien à craindre.

Habitants des campagnes : Levez-vous! Dieu le veut!

Vous êtes le principal et presque l'unique espoir de la société; mais vous êtes froids, inertes, sans initiative; vous êtes pour ainsi dire l'enjeu de toutes les ambitions, et l'enclume sur laquelle frappent tous les marteaux[1]. Jusques à quand comptera-t-on sur votre simpli-

---

1. « Vous avez tous lu, par exemple, dans le programme des principes de nos adversaires, la phrase habituelle :

« Nous voulons l'instruction *primaire, gratuite, obligatoire* et « *laïque.* »

cité, pour vous égarer ou vous endormir? Trop longtémps, mesurant le monde d'après vous, vous avez nié l'imminence du péril. Vous ne pouviez croire, braves et honnêtes gens que vous êtes, à la perfidie des ennemis de Dieu et de la société. Il faut qu'enfin le bandeau tombe de vos yeux; il faut que vous compreniez que le calme le plus profond peut recouvrir la tempête, et que les méchants n'ont pas cessé d'espérer; soyez vigilants et unis; il le faut : Dieu le veut!

« Eh bien, discutons un peu cette proposition sonore!

« C'est une chose fort agréable qu'une chose gratuite, qui ne coûte rien à celui qui s'en sert. Mais, si gratuite qu'elle soit pour celui-là, elle ne peut l'être pour tout le monde, et, quoi que vous fassiez, la gratuité est payée par quelqu'un.

« Je parle ici devant des conseillers municipaux soucieux de l'économie des finances de leur commune; je suis sûr d'être merveilleusement compris.

« Vous connaissez les détails d'une gestion communale, eh bien! faisons ensemble le compte des consèquences pratiques de la gratuité. (Vif mouvement d'attention.)

« Supposons une commune de 500 âmes qui a un instituteur et une institutrice, et admettons que le centime y a une valeur de 50 francs, ce qui est élevé.

« L'instituteur coûtant.............................. 700 fr.
« L'institutrice.. 500

« La charge est de.................................... 1200 fr.
« Les trois centimes votés pour l'instruction primaire donnent.. 150

« Reste à payer....................................... 1050
« S'il y a 120 enfants, dont 40 gratuits, les 80 payants, à 8 fr. par an, produiront.. .... 640 fr.

Reste.............. 410

« Voilà donc une somme de 410 fr. qui charge aujonrd'hui le budget ordinaire de la commune.

« Faites la gratuité et vous ajoutez une dépense annuelle et perpétuelle de 640 fr., soit 13 centimes à ajouter au principal des contributions.

« Est-ce légitime? est-ce possible? — N'est-il pas plus logique de faire payer l'école à ceux qui le peuvent, et qui ne font que rembourser l'équivalent du service qu'ils reçoivent?

Laboureurs, artisans, mes amis!

Entreprenez l'œuvre du salut de la France. Sauvez la croix du Christ, en lui restant fidèles, et en aimant la religion. Sauvez la famille en respectant ses lois; sauvez la propriété en ne souffrant pas qu'on y porte atteinte. Fermez l'oreille aux promesses menteuses du radicalisme, et les efforts de nos ennemis expireront impuissants.

Faites cela : car c'est votre propre intérêt.

Faites cela, car Dieu le veut !

Faites cela, c'est le salut de la France et du monde !

FIN.

TABLE DES MATIÈRES

Typographie Lahure, rue de Fleurus, 9, à Paris.

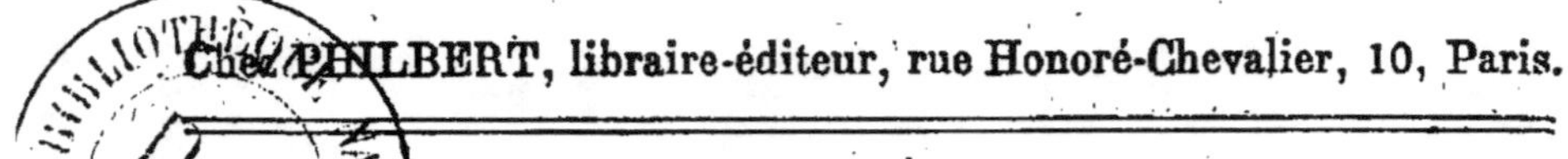

LA VEDETTE

CONSEILS D'UN RURAL A SES FRÈRES

AU SUJET DE LA SITUATION PRÉSENTE

Brochure in-8. Franco : 0 fr. 75 c.

Remises sur la quantité

Aux témoignages si flatteurs de Mgr Dupanloup et de l'*Univers* que nous avons publiés déjà, nous ajoutons celui de M. Albert de Mun. Les vœux que le jeune et vaillant défenseur de la justice et du droit fait pour le succès de notre brochure, en est le plus bel éloge.

Paris, 6 avril 1876.

Monsieur,

J'ai reçu la lettre que vous m'avez fait l'honneur de m'adresser et l'envoi qu'elle contenait ; je ne veux pas tarder à vous remercier de l'un et de l'autre. Les encouragements que vous m'adressez en termes si élevés m'ont beaucoup touché. Votre ardeur chrétienne est communicative, et s'il m'est permis d'ajouter un éloge aux témoignages si flatteurs dont vous avez été l'objet, je dirai que votre **Appel aux habitants des campagnes devrait être répandu dans tous les villages.**

Je vous prie d'agréer, Monsieur, l'expression de mes sentiments respectueux.

A. DE MUN.